BIOMAS DONDE YO VIVO

VIVO CERCA DE UN DESIERTO

Walter LaPlante

Traducido por Alberto Jiménez

Gareth Stevens
PUBLISHING

Please visit our website, www.garethstevens.com. For a free color catalog of all our high-quality books, call toll free 1-800-542-2595 or fax 1-877-542-2596.

Cataloging-in-Publication Data

Names: LaPlante, Walter, author.
Title: There's a desert in my backyard! / Walter LaPlante.
Other titles: Vivo cerca de un desierto
Description: New York : Gareth Stevens Publishing, [2017] | Series: Biomas donde yo vivo | Includes bibliographical references and index.
Identifiers: ISBN 9781482462111 (pbk. book) | ISBN 9781482461442 (6 pack) | ISBN 9781482462128 (library bound book)
Subjects: LCSH: Desert ecology–Juvenile literature. | Deserts–Juvenile literature. | Adaptation (Biology)–Juvenile literature.
Classification: LCC QH541.5.D4 L27 2017 | DDC 577.54–dc23

Published in 2017 by
Gareth Stevens Publishing
111 East 14th Street, Suite 349
New York, NY 10003

Translator: Alberto Jiménez
Editorial Director, Spanish: Nathalie Beullens-Maoui
Editor, English: Kristen Nelson
Designer: Andrea Davison-Bartolotta and Bethany Perl

Photo credits: Cover, p. 1 Anthon Foltin/Shutterstock.com; pp. 2–24 (background texture) wongwean/Shutterstock.com; p. 5 Dubova/Shutterstock.com; pp. 7, 11, 19 Bardocz Peter/Shutterstock.com; p. 7 Adwo/Shutterstock.com, p. 9 Matyas Rehak/Shutterstock.com; p. 11 Ikpro /Shutterstock.com; p. 13 Tomnamon/Shutterstock.com; p. 15 Alta Oosthuizen/Shutterstock.com; p. 17 Ingrid Curry/Shutterstock.com; p. 19 Zack Frank/Shutterstock.com; p. 21 Oleg Znamenskiy/Shutterstock.com.

Printed in the United States of America

CPSIA compliance information: Batch #CW16GS: For further information contact Gareth Stevens, New York, New York at 1-800-542-2595.

CONTENIDO

Las palabras del glosario se muestran en **negrita** la primera vez que aparecen en el texto.

¿Poca lluvia?

¿Cuándo fue la última vez que llovió? ¡Si no llueve mucho donde vives, es posible que tengas un desierto en tu jardín! Un desierto es un tipo de bioma. Un bioma es una comunidad natural de plantas y animales.

Alrededor de una quinta parte de la Tierra es desierto. Un desierto es un área donde llueve muy poco. La mayoría de los desiertos reciben menos de 10 pulgadas (25 cm) de lluvia en un año. ¡En el desierto de Atacama, en América del Sur, no cae nada de lluvia casi todos los años!

América
del Sur
Atacama

¡Hace calor!

Algunos desiertos son muy cálidos, además de ser muy secos. En general, en los desiertos cálidos y secos y en los desiertos **semiáridos**, la mayoría de las precipitaciones se producen durante el invierno. Los desiertos costeros también tienen veranos cálidos, pero los inviernos son más fríos.

Las plantas del desierto

¡Es difícil tener un jardín si vives en un desierto! Hay poca agua, por lo que las plantas experimentan **adaptaciones** que las ayudan a vivir en condiciones secas.

Las plantas de los desiertos cálidos y secos suelen crecer cerca del suelo.

Sahara
África

Las plantas del desierto acostumbran a tener hojas gruesas y cerosas que les sirven para conservar el agua. Muchas crecen con raíces poco profundas y anchas para **absorber** el agua tan pronto como cae al suelo. ¡Otras, como los cactus, están cubiertas de **espinas**! Las espinas las ayudan a que nadie se las coma.

Los animales se adaptan

Los animales del desierto han tenido que adaptarse también a las condiciones cálidas y secas. Muchos son más activos durante la noche y antes de que salga el sol, cuando hace fresco. Otros cavan agujeros en el suelo donde se refugian del calor.

Las liebres van tras la sombra de las plantas a medida que pasa el día. Algunos tipos de sapos esperan bajo tierra hasta que llueve. Otros **anfibios** aceleran su **ciclo vital**, para convertirse en adultos cuando hay más agua.

Los desiertos fríos

¡Hay un cuarto tipo de desierto, el desierto frío! Tiene veranos cortos e inviernos largos y fríos. Nieva y llueve en los desiertos fríos, pero todavía no es suficiente para que muchas plantas crezcan. La Antártida es el mayor desierto frío.

Gran Cuenca
Estados Unidos

¡Ayuda a tu bioma!

Las actividades humanas, tales como la **contaminación** atmosférica, están causando que la Tierra se caliente más. Los desiertos podrían llegar a ser más secos y calurosos, y causar daño a los animales y plantas que viven allí. ¡Mantener la Tierra limpia y tener presente la **conservación** del agua y otros **recursos** ayudarán al bioma de tu jardín!

GLOSARIO

absorber: aspirar, tomar algo hacia adentro.

adaptación: cambio de un ser vivo que lo hace más capaz de vivir en su entorno.

anfibio: animal que pasa un tiempo en la tierra, aunque se reproduce y vive como adulto en el agua.

ciclo vital: las etapas y cambios que atraviesa un ser vivo durante su vida.

conservación: proteger algo de posibles daños y no derrocharlo.

contaminación: basura u otro material que pueda dañar un área.

espina: partes rígidas, puntiagudas y pequeñas de una planta.

recursos: algo de la naturaleza que los seres humanos pueden utilizar.

semiárido: zona seca donde caen de 10 a 20 pulgadas (25 a 50 cm) de lluvia al año.

PARA MÁS INFORMACIÓN

LIBROS

Grady, Colin. *The Desert Biome*. New York, NY: Enslow Publishing, 2017.

Silverman, Buffy. *Let's Visit the Desert!* Minneapolis, MN: Lerner Publications, 2017.

SITIOS DE INTERNET

Desert Animals

desertusa.com/animals.html

Ver fotos y leer sobre los animales del desierto que viven en los desiertos en Estados Unidos.

World Biomes

kids.nceas.ucsb.edu/biomes/

Hay muchos biomas en la Tierra. ¡Aprende acerca de ellos aquí!

Sitios de Internet: Nota del editor a los educadores y padres: nuestro personal especializado ha revisado cuidadosamente estos sitios web para asegurarse de que son apropiados para los estudiantes. Muchos sitios web cambian con frecuencia, por lo que no podemos garantizar que posteriores contenidos que se suban a esas páginas cumplan con nuestros estándares de calidad y valor educativo. Tengan presente que se debe supervisar cuidadosamente a los estudiantes siempre que tengan acceso al Internet.

ÍNDICE